Dieses Buch gehört:

____

Ulla Kramwinkel kann schwimmen, seit sie fünf Jahre alt ist.
Sie hat alle Schwimmabzeichen gemacht. Seit 25 Jahren ist sie Sportlehrerin
und unterrichtet Babys und Kinder im Wasser. Sie hat drei Schwimmschulen.
Viele Hundert Kinder haben bei ihr schwimmen gelernt.

Alle Tipps und Informationen in diesem Buch sind sorgfältig ausgewählt
und geprüft. Dennoch können weder die Urheber
noch der Verlag eine Garantie übernehmen. Eine Haftung
für Personen-, Sach- und Vermögensschäden ist ausgeschlossen.

ISBN 978-3-8157-6848-8

48155 Münster, Germany
Text: Ulla Kramwinkel
Illustrationen: Reiner Stolte
Redaktion: Annette Güthner

Printed in China
www.coppenrath.de

Ulla Kramwinkel

Die kleine Schwimmschule

Mit Bildern von Reiner Stolte

COPPENRATH

Hallo, kleine Wasserratte!

Bevor du auf die Welt kamst, bist du schon als Baby im Bauch deiner Mama geschwommen. Du hast dich dort im warmen Wasser sehr wohl gefühlt und gut entwickelt. Wasser gehört von Anfang an zu deinem Leben. Jetzt bist du alt genug, um richtig schwimmen zu lernen. Und dieses Buch soll dir dabei helfen. Viel Spaß!

Inhalt

Baby-Schwimmen

Schon Babys schwimmen mit Vergnügen. Gleich nach ihrer Geburt werden sie gebadet. Jedes Kind kann bereits schwimmen, wenn es auf die Welt kommt – nur noch nicht mit einer richtigen Schwimmbewegung, sondern wie ein kleiner Hund. Sobald ein Baby ins Wasser kommt, paddelt es intensiv mit seinen Armen und Beinen. Es macht ganz natürliche Strampelbewegungen, die sehr lustig und zappelig aussehen.

Mit drei Monaten kann das Baby dann zum Baby-Schwimmen gehen. Vielleicht warst du ja auch mit deinen Eltern in einem Baby-Schwimmkurs. Frage sie doch mal danach!

Was schwimmt auf dem Wasser und was nicht?

Warst du schon einmal am Meer oder an einem See? Kannst du dich erinnern, was da alles auf dem Wasser geschwommen ist?

Enten, Holzstücke, Bälle, Schiffe, Boote, sie alle können schwimmen. Was schwimmt noch?

Anker, Schraubenschlüssel und schwere Truhe: Kennst du noch mehr Dinge, die untergehen?

Versuche, einen Ball unter Wasser zu drücken! Geht es leicht oder schwer?

Wann können Kinder „richtig schwimmen" lernen?

„Richtig schwimmen" – so wie die meisten Erwachsenen – können Kinder ab drei Jahren lernen. Am leichtesten geht das, wenn die Kinder direkt vom Baby- oder Kleinkinderschwimmen kommen und dann für ihr erstes Schwimmabzeichen üben, das Seepferdchen. Meistens lernen die Kinder zuerst das Brustschwimmen, später auch noch andere Schwimmarten.
Wie alt bist du jetzt? Frag doch mal deine Mama oder deinen Papa, deine Oma oder deinen Opa, ob sie schwimmen können! Wie alt waren sie, als sie schwimmen gelernt haben?

Wo können Kinder schwimmen lernen?

Schwimmen lernen kannst du in einem Verein oder in einer richtigen Schwimmschule. Dort gibt es nette Schwimmlehrer und Schwimmlehrerinnen, die mit den Kindern im Wasser üben und spielen. Zusammen mit gleichaltrigen Kindern macht das Schwimmenlernen viel mehr Spaß. Vielleicht bringen dir auch deine Eltern oder deine Großeltern das Schwimmen bei, und ihr geht regelmäßig in ein Schwimmbad zum Üben. Meistens haben Mama und Papa, Oma und Opa nicht so viel Zeit und Geduld wie die Schwimmlehrer und Schwimmlehrerinnen in der Schwimmschule. Übrigens: Die Kinder in diesem Buch, die du gleich kennen lernen wirst, lernen das Schwimmen in einer Schwimmschule.

Warum ist frühes Schwimmenlernen wichtig?

Jedes Kind sollte so früh wie möglich richtig schwimmen lernen. Dann kann ihm nichts passieren, wenn es mit seinen Eltern am Meer, am See oder an einem Swimming-Pool Urlaub macht. Alle Kinder sollten schwimmen können, bevor sie in die Schule kommen. Auch für deinen Körper ist das Schwimmen ganz wichtig. Wenn du dich im Wasser bewegst, müssen nämlich alle deine Muskeln arbeiten. So trainiert das Schwimmen deinen Körper und macht dich fit.

Kleines Schwimmtagebuch

Wenn du Lust hast, kannst du hier eintragen, wie und wann du schwimmen gelernt hast und was alles dazugehört.

- Wer hat mir dieses Buch geschenkt? ______________________
- Wo habe ich schwimmen gelernt? ______________________
- Wann war meine erste Schwimmstunde? ______________________
- Wie heißen die anderen Schwimmschüler? ______________________
- Wie heißt mein/e Schwimmlehrer/in? ______________________
- Wann bin ich zum ersten Mal allein ins Wasser gesprungen? ______________________
- Wann bin ich zum ersten Mal untergetaucht? ______________________
- Wann konnte ich ohne Schwimmhilfen schwimmen? ______________________
- Wann habe ich mein Seepferdchen-Abzeichen gemacht? ______________________
- Wie alt war ich da? ______________________

Die Schwimmgruppe

Nun geht es endlich los! Hier sind die Kinder aus der Schwimmgruppe, die dich beim Schwimmenlernen begleiten. Hast du Lust, mit Mia, Lotte, Hannes, Max und Jule einen Schwimmkurs zu machen? Dann blättere weiter und schau dir an, wie die Kinder auf den nächsten Seiten schwimmen lernen.

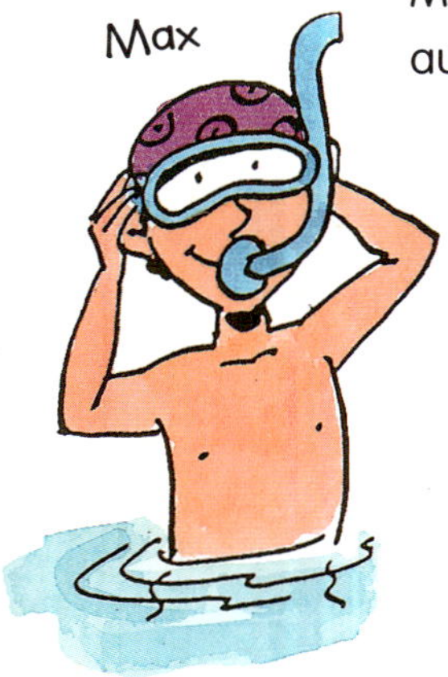

Max macht gerne ein bisschen Quatsch und hat sich schon mal eine Taucherbrille mit Schnorchel aufgesetzt. Er will davon ablenken, dass er noch nicht schwimmen kann.

Hannes ist ein kleiner „Draufgänger". Er spritzt, springt und tobt wie wild, als würde er alles können.

Mia liebt es, alles sofort auszuprobieren. Sie ist schon ganz neugierig, was man im Wasser machen kann.

Jule, die Kleinste von allen, fürchtet sich ein wenig vor dem Wasser. Ihre Schwimmflügel hat sie lieber gleich angezogen. Jule darf erst einmal zuschauen, bevor der Lehrer sie auf dem Arm mit ins Wasser nimmt.

Lotte kann schon etwas schwimmen. Sie macht auch sonst sehr viel Sport und traut sich, alleine ins Wasser zu springen.

Was gehört in die Badetasche?

In ihre Badetasche haben Mia, Lotte, Hannes, Max und Jule die folgenden Dinge gepackt:

Badetasche

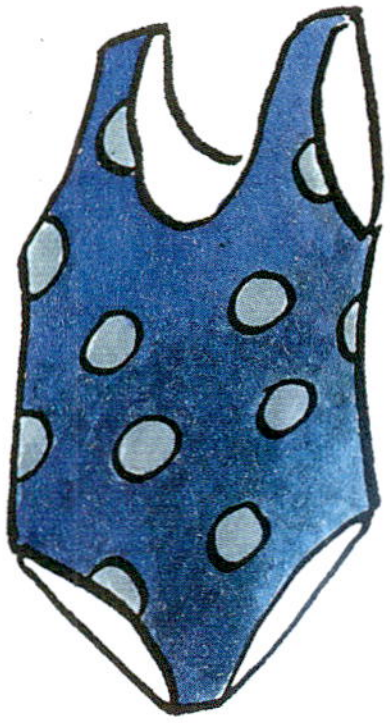

Badeanzug oder Badehose

Bademütze

Handtuch

Badeschlappen

Duschgel und Shampoo

Bademantel

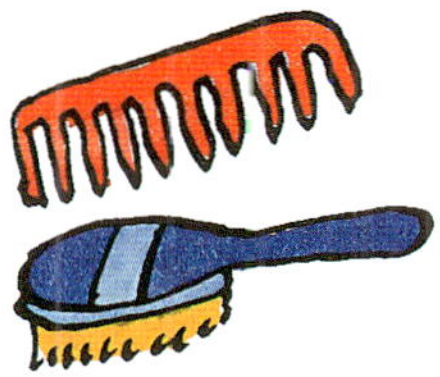
Kamm und Bürste

Fön

etwas zum Essen und Trinken

Endlich: Die erste Schwimmstunde!

Auf die erste Schwimmstunde sind alle Kinder sehr gespannt. Bevor Mia, Lotte, Hannes, Max und Jule ins Wasser gehen, ...

1. ... ziehen sie ihre Kleidung aus.
2. ... gehen sie noch einmal auf die Toilette.
3. ... duschen sie sich ab.
4. ... ziehen sie Badeanzug oder -hose an.
5. ... setzen sie ihre Badekappe auf.
6. ... ziehen sie ihre Badeschlappen an.
7. ... gehen sie zu ihrem Schwimmlehrer.

1

2

5

3

4

6

7

Der Schwimmlehrer

Mia, Lotte, Hannes, Max und Jule haben einen sehr netten Schwimmlehrer. Er heißt Volker und hat schon vielen Kindern das Schwimmen beigebracht. Volker hat sehr viel Geduld und kennt eine Menge toller Spiele und Übungen im Wasser. Manchmal ist er ein bisschen streng, damit die Kinder auch aufpassen und richtig üben. Aber meistens klappt alles ganz prima, und die Kinder üben in jeder Schwimmstunde mit viel Freude.

Mia, Lotte, Hannes, Max und Jule setzen sich in ihrer ersten Schwimmstunde an den Beckenrand und strampeln mit den Beinen im Wasser. Das macht Spaß! Das Wasser spritzt, und die Kinder werden pitschenass. Dann dürfen Mia, Lotte, Hannes, Max und Jule ganz ins Becken. Volker nimmt sie der Reihe nach hinein und steckt ihnen Schwimmscheiben an die Arme. Das ist wichtig, denn die Kinder können im Becken nicht stehen. Sie lernen gleich im „tiefen" Wasser schwimmen und müssen deshalb Schwimmhilfen tragen. Jule möchte gerne noch bei Volker auf dem Arm bleiben: Sie hat ein bisschen Angst.

Übungen für das Schwimmenlernen

Für das Schwimmen musst du die folgenden sechs Bewegungen üben:

1. die Armbewegung: den Schaufelbagger

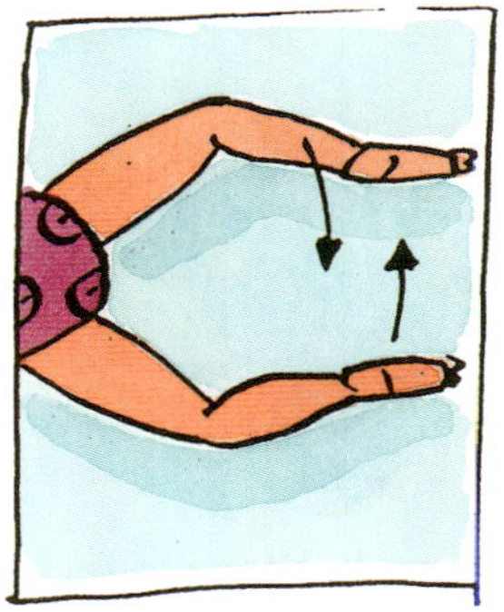

2. die Beinbewegung: die Froschbeine

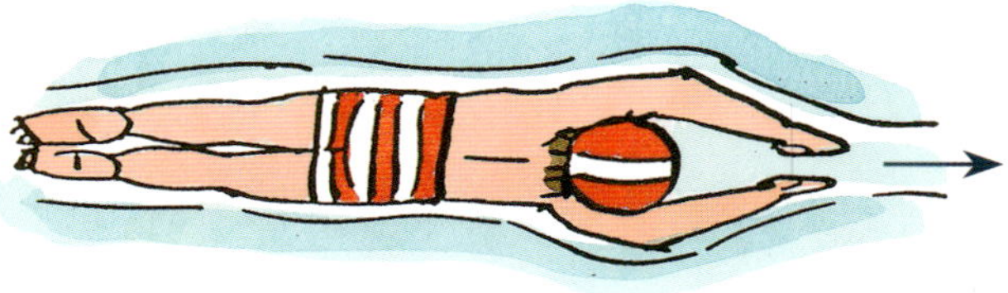

3. das Gleiten: wie ein Baumstamm

4. das Auf-dem-Wasser-Liegen: wie ein Seestern

5. das Tauchen: mit offenen Augen und dicken Backen

6. das Hineinspringen: mit den Füßen zuerst

Mia, Lotte, Hannes, Max und Jule üben zuerst wie ein Baumstamm auf dem Bauch zu liegen. Sie sollen spüren, dass das Wasser sie trägt, und erst einmal Vertrauen zum Wasser aufbauen. Dann zeigt Volker den Kindern die Schwimmbewegungen. Das ist lustig. Die Kinder sollen wie die Frösche schwimmen. Hast du schon einmal einen Frosch im Wasser beobachten können? Die Kinder versuchen, sich so zu bewegen, wie Volker es ihnen vormacht.

Geräte für das Schwimmenlernen

Damit das Schwimmenlernen leichter geht, gibt es ein paar Geräte, die du im Laufe deines Schwimmkurses kennen lernen wirst.

Schwimmflügel

Schwimmscheiben

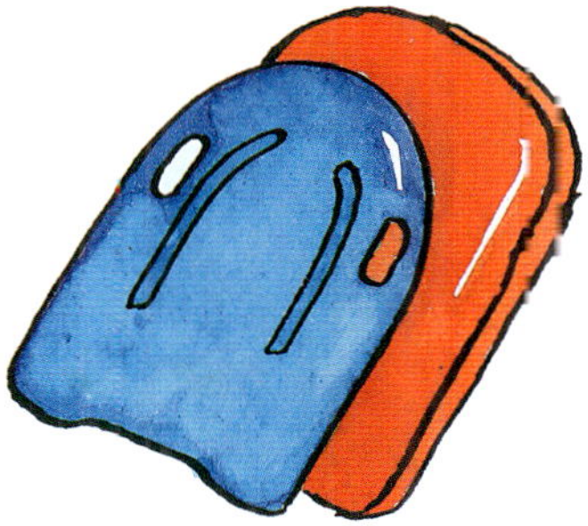

Schwimmbretter

Schwimmnudeln

Schwimmflossen

Schwimmsprossen

Mia, Lotte, Hannes, Max und Jule zeigen dir, wie die Schwimmhilfen benutzt werden.

Die Armbewegung

Damit du vorwärts kommst, müssen deine Arme das Wasser wie ein Schaufelbagger zur Seite und nach unten schaufeln und dann vor der Brust wieder zusammenkommen. Die Arme machen dabei fast einen Kreis. Die Hände berühren sich nah unter dem Kinn. Dann werden die Arme wieder gestreckt, und die Schultern schieben sich nach vorne. Guck mal: Bei Mia klappt der Schaufelbagger schon ganz gut!

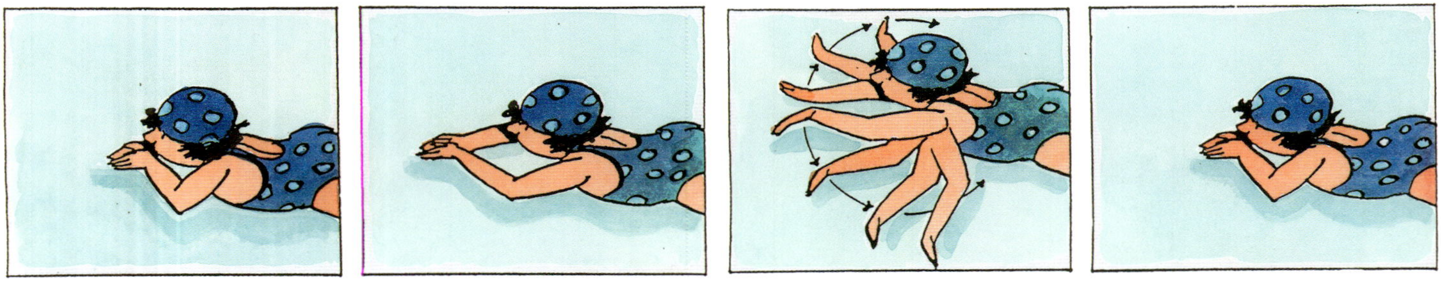

So kannst du üben!

Mit einer Wassernudel unter den Armen kannst du die Armbewegung einüben.

Mit Schwimmscheiben an den Oberarmen geht das auch gut.

Die Beinbewegung

Die Beine bewegen sich gleichzeitig. Du ziehst sie an den Po, führst sie im Kreis auseinander und wieder zusammen. Beim Auseinanderführen drehen sich die Zehen nach außen. Die Beine werden kräftig nach hinten geschlagen. Beim Strecken drücken sich die Fußsohlen vom Wasser ab. Du fängst ganz langsam damit an und schlägst sie schnell wieder zusammen. Dabei machst du einen großen Schub nach vorne.
Schau mal: Jule bewegt ihre Beine wie ein kleiner Frosch!

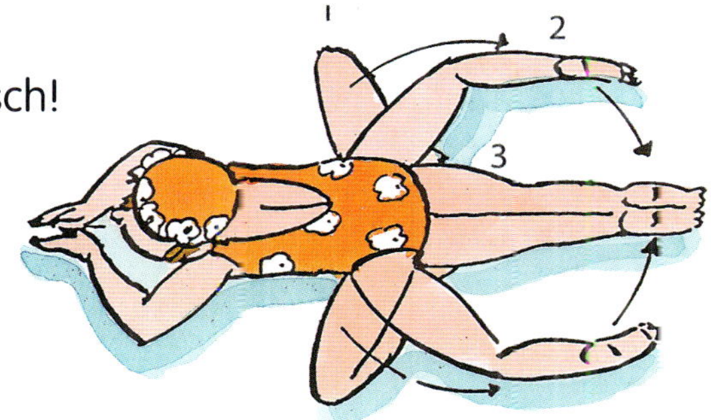

So kannst du üben!

Mit einem Schwimmbrett unter dem Bauch lässt sich die Beinbewegung gut einüben. Du kannst dich am Brett festhalten und dich ganz auf deine Beine konzentrieren.

Auch mit einer Wassernudel unter den Armen klappt das.

Übrigens: Damit du schön warm bleibst im Wasser, strampelst du am besten ab und zu so doll du kannst mit deinen Beinen! Das macht Spaß und ist kinderleicht. Kannst du bis zur Decke spritzen? Rechtsherum und linksherum? Mit beiden Beinen?

Das Gleiten

Zum Schwimmenlernen gehört auch das Gleiten. Du wirst spüren, dass das Wasser dich trägt. Zuerst übst du das Gleiten auf dem Bauch. Dazu streckst du dich ganz lang auf dem Wasser aus, reckst deine Arme nach vorne und legst dein Gesicht zwischen die Arme ins Wasser. Der Schwimmlehrer gibt dir an den Füßen einen kräftigen Schubs. Und schon gleitest du ganz leicht durch das Wasser – wie ein Baumstamm, ohne dich dabei zu bewegen.

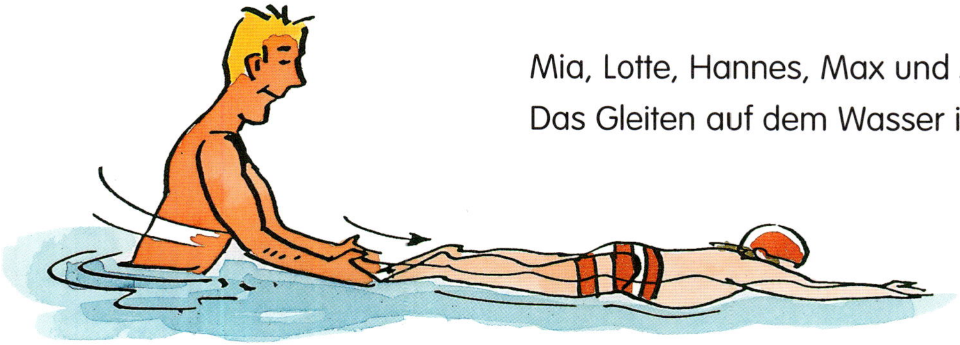

Mia, Lotte, Hannes, Max und Jule staunen:
Das Gleiten auf dem Wasser ist gar nicht schwer.

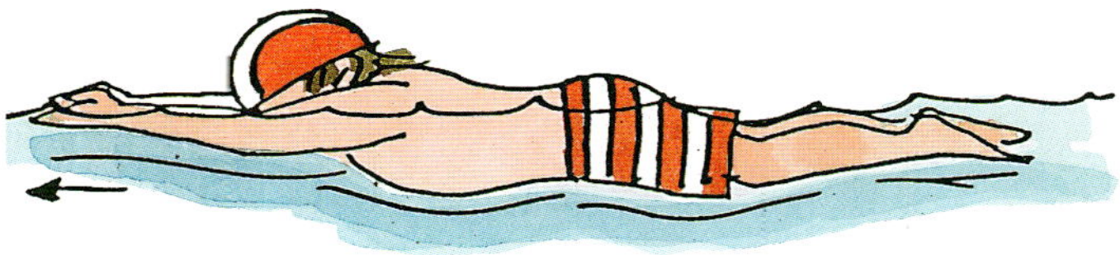

Wenn du das Gleiten gut kannst, probierst du es auch mal alleine und stößt dich vom Beckenrand ab. Jetzt gleitest du auf die andere Beckenseite und schwebst einen Augenblick auf dem Wasser.

So kannst du üben!

Probiere das Gleiten wie ein Baumstamm auch mit dem Schwimmbrett! Lege das Gesicht dabei ins Wasser und mache dicke Backen!

Du kannst auch rückwärts gleiten. Dazu legst du dich auf den Rücken, versteckst deine Ohren im Wasser und legst die Arme nach hinten an die Ohren. Schaue dabei immer oben an die Decke! Schon gleitest du rückwärts wie ein Baumstamm durch das Wasser. Ist es nicht toll, dass du einfach so auf dem Wasser liegen kannst und das Wasser dich trägt?
Probiere das Gleiten doch gleich noch einmal aus! Lege dich wie ein Seestern rückwärts auf das Wasser und schwebe! Was passiert, wenn du dabei dicke Backen machst und die Luft anhältst? Und was passiert, wenn du die Luft langsam aus deinem Mund herausströmen lässt? Guck nur: Mia, Lotte, Hannes, Max und Jule gleiten mit Begeisterung über das Wasser!

Das Springen

Beim Springen vom Beckenrand ins Wasser müssen deine Zehen immer um den Beckenrand gekrallt sein. Mia, Lotte, Hannes, Max und Jule stehen schon bereit. Traust du dich, in die Arme deines Schwimmlehrers zu springen? Er fängt dich sicher im Wasser auf.

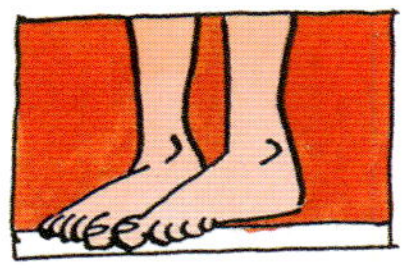

Schau mal, auch Jule, die zuerst ein bisschen ängstlich war, traut sich und springt.

Wenn du mit den Füßen zuerst ins Wasser springst, ist das ein Fußsprung. Sobald du mutiger bist, kannst du mit dem Kopf zuerst ins Wasser springen. Das ist ein Kopfsprung. Dazu gehst du in die Hocke, legst die Arme an die Ohren und streckst sie, sodass die Fingerspitzen ins Wasser gucken. Dein Po geht hinten hoch, und du lässt dich einfach nach vorne ins Wasser fallen.

So kannst du üben!

Bringe vom Boden einen Ring mit nach oben!

Tauche durch die Beine deines Schwimmlehrers hindurch!

Das Tauchen

Hi, hi, hi! Mia, Lotte, Hannes, Max und Jule spritzen mit Wasser. Dabei werden ihre Gesichter ein bisschen nass. Wenn sie tauchen können, macht den Kindern das Wasser im Gesicht nichts mehr aus. Wer richtig schwimmen lernt, der muss auch tauchen können.

So kannst du üben!

1. Halte dich am Beckenrand fest, atme tief ein und lege dein Gesicht ins Wasser!
2. Tauche langsam deinen ganzen Kopf ein, öffne dabei die Augen!
3. Mach dicke Backen und puste die Luft unter Wasser wieder aus!
4. Stoße dich vom Beckenrand ab, bis die Füße den Boden berühren!

Was siehst du unter Wasser? Augen auf!
Die Füße deines Schwimmlehrers?
Die Beine der anderen Kinder?
Oder den Frosch, der auf dem Boden sitzt?

Das Atmen

Beim Brustschwimmen atmest du durch Mund und Nase.
Zum Atmen gehört dreierlei:

1. das Einatmen über Wasser durch den Mund
2. das Ausatmen ins Wasser durch Mund und Nase
3. das regelmäßige Ein- und Ausatmen beim Fortbewegen

Die beiden folgenden Übungen werden dir viel Spaß machen. Außerdem sind sie wichtig für das Tauchen:

Puste mit dicken Backen eine Ente
oder einen kleinen Ball durch das Wasser!

Atme tief ein, mache dicke Backen
und atme unter Wasser aus!
Siehst du die kleinen
Bläschen aufsteigen?

Nach jeder Schwimmstunde

Nach dem Schwimmen gehen Mia, Lotte, Hannes, Max und Jule noch einmal unter die Dusche.

Anschließend ...

1. ... trocknen sich die Kinder gut ab.
2. ... cremen sie sich ein.
3. ... ziehen sie sich wieder an.
4. ... kämmen sie sich die Haare.
5. ... fönen sie sich die Haare.
6. ... packen sie ihre Badesachen
   in die Badetasche.
7. ... trinken und essen sie etwas.

Schwimmenlernen macht Spaß!

Der Schwimmlehrer übt fleißig mit Mia, Lotte, Hannes, Max und Jule für das Seepferdchen, das erste Schwimmabzeichen. Bis die Kinder die Seepferdchen-Prüfung ablegen können, dauert es noch ein bisschen. Aber mit jeder Schwimmstunde werden Mia, Lotte, Hannes, Max und Jule sicherer im Schwimmen und Tauchen.

Mia schwimmt nur noch
mit einer Schwimmscheibe an ihren Armen.

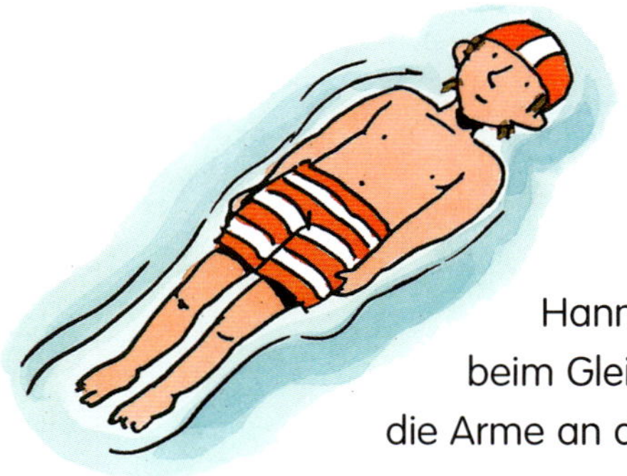

Hannes hat vergessen,
beim Gleiten auf dem Rücken
die Arme an die Ohren zu legen.

Max übt gerade, bis auf den Boden zu tauchen.

Lotte schwimmt schon
ganz ohne Schwimmhilfen.

Jule traut sich noch nicht,
alleine ins Becken zu springen.

In jeder Stunde werden die Übungen mehrmals wiederholt:

dicke Backen machen

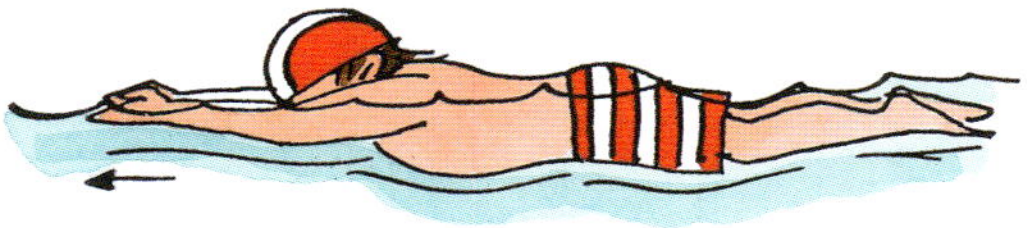

das Gleiten wie ein Baumstamm

der Seestern

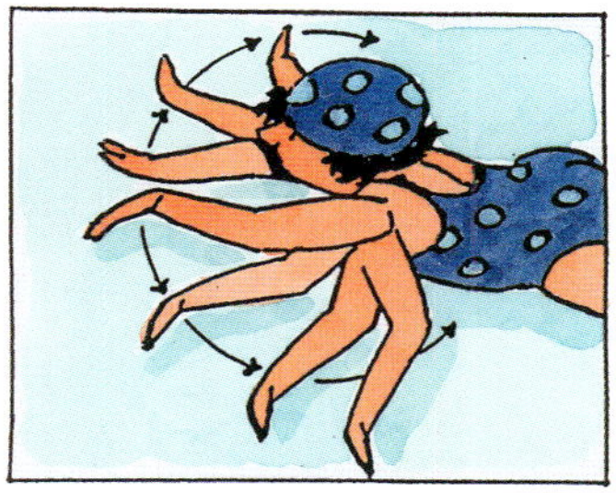

der Schaufelbagger

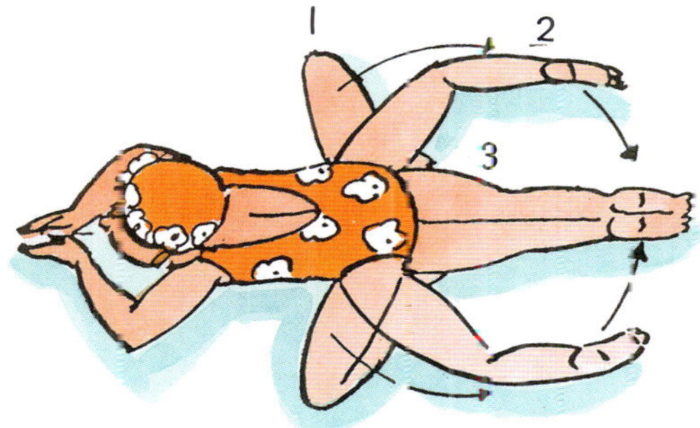

die Froschbeine

das Tauchen

das Ringhochholen

das Reinspringen

Es macht Spaß zu sehen, wie gut Mia, Lotte, Hannes, Max und Jule nun schon schwimmen können. Volker lobt die Kinder immer wieder. Und die Eltern staunen über die Fortschritte der Kinder, wenn sie am Ende der Stunde kommen, um sie wieder abzuholen.

Das Seepferdchen, das erste Schwimmabzeichen

Kennst du eigentlich ein Seepferdchen? Es ist kein richtiges Pferd, sondern ein Fisch. Das Seepferdchen schwimmt besonders gern in warmen Meeren. Es bewegt sich aufrecht vorwärts und liegt beim Schwimmen nicht auf dem Bauch so wie du, sondern schwimmt senkrecht. Das Seepferdchen hat einen großen Kopf und einen dünnen langen Schwanz. Im großen Aquarium im Zoo kannst du dir viele Seepferdchen anschauen. Sie sehen sehr niedlich aus und schwimmen ganz, ganz langsam.

Höhe: 10 cm

Um das Seepferdchen-Abzeichen, das erste offizielle Schwimmabzeichen, zu bekommen, musst du viel üben. Und wie bekommst du das Seepferdchen? Du darfst keine Schwimmhilfen mehr an deinen Armen haben und musst eine längere Strecke (25 Meter) schwimmen, ohne an den Beckenrand zu fassen. Dann springst du einmal ins Wasser, tauchst zum Boden des Schwimmbeckens und holst einen Ring nach oben.

nach einem Ring tauchen

schwimmen ohne Schwimmhilfen

ins Wasser springen

So sieht das Seepferdchen-Abzeichen aus:

So kannst du üben!

Schwimm langsam, dann kommst du nicht so schnell aus der Puste!

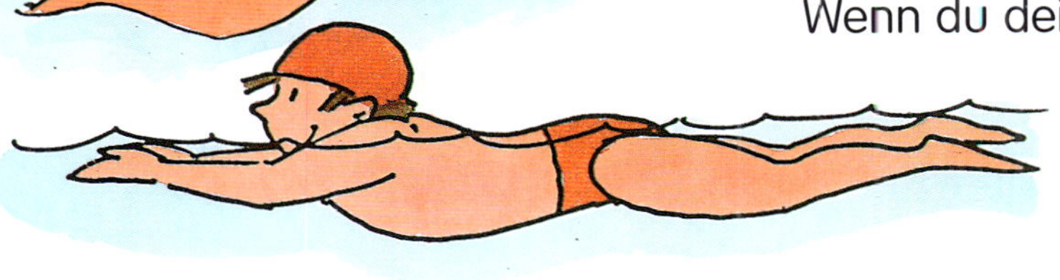

Wenn du deine Arme und Beine gleichzeitig bewegst, kommst du immer besser vorwärts. Mach dich dabei ganz lang!

Hurra, ich kann schwimmen!

Nach vielen Übungsstunden bei Volker machen Mia, Lotte, Hannes, Max und Jule ihr Seepferdchen-Abzeichen. Sie sind genauso stolz wie du. Herzlichen Glückwunsch! Wenn du die Seepferdchen-Prüfung geschafft hast, bekommst du deinen Seepferdchen-Ausweis und deinen Seepferdchen-Aufnäher. Den kann dir Mama oder Oma dann gleich auf deinen Badeanzug oder deine Badehose aufnähen. Dann sehen alle, dass du richtig schwimmen kannst. Toll!

Nun bist du ein richtiges Schwimmkind und kannst überall schwimmen gehen. Es sollte aber immer noch ein Erwachsener bei dir sein, bis du etwas älter und sicherer geworden bist.

Die Baderegeln

Als Schwimmkind mit Seepferdchen-Abzeichen musst du auch die Baderegeln kennen. Lies sie dir in Ruhe durch, wenn du schon lesen kannst, und lerne sie auswendig! Du kannst dir die Baderegeln auch von deinen Eltern vorlesen lassen und sie dann aufsagen.

Vor dem Schwimmen unter die Dusche gehen und sich waschen!

Lange Strecken nur mit Mama oder Papa schwimmen!

In flaches/unbekanntes Wasser keinen Kopfsprung machen!

Andere Kinder niemals untertauchen

Um Hilfe nur dann rufen, wenn du wirklich große Angst hast!

Eine Stunde vor dem Schwimmengehen nicht mehr so viel essen!

Kaugummi und Flaschen nicht mit ins Schwimmbad nehmen!

Wenn du frierst, schnell aus dem Wasser gehen und etwas Warmes anziehen!

Übung macht den Meister!

Macht dir das Schwimmen Spaß? Mia, Lotte, Hannes, Max und Jule schwimmen und tauchen mit Begeisterung. Bist du auch so eine kleine Wasserratte? Dann gehe doch regelmäßig schwimmen – mit Mama und Papa, mit Oma und Opa oder mit deinen Freunden. So bleibst du in Übung und schwimmst immer besser.

Später kannst du noch andere Schwimmarten wie das Kraulen oder das Delfinschwimmen erlernen. Außerdem gibt es weitere Abzeichen, die du machen kannst, zum Beispiel das Bronze-, das Silber- oder das Gold-Abzeichen. Probiere auch mal, mit einer Schwimmbrille zu schwimmen, oder setze beim Tauchen eine Tauchermaske auf! Du wirst sehen, es gibt noch viele spannende Dinge, die du im Wasser lernen kannst.

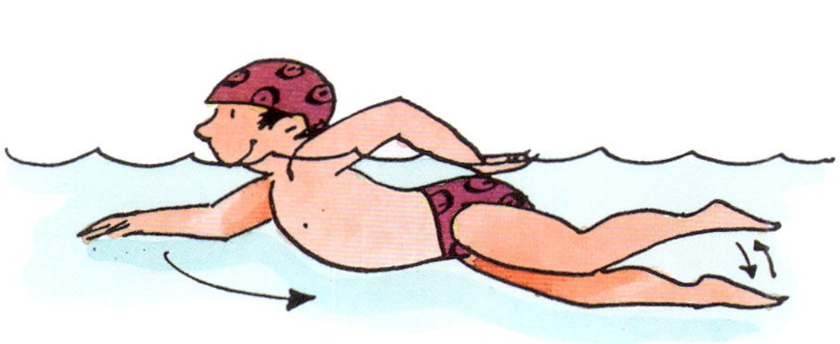

kraulen

delfinschwimmen

schwimmen mit Schwimmbrille

tauchen
mit Tauchermaske

So wie Mia, Lotte, Hannes, Max und Jule kannst du zusammen mit anderen Schwimmkindern einen Kinder-Schwimm-Club bilden, der sich regelmäßig zum Schwimmen trifft. Viel Spaß dabei!

Kindergeburtstag im Wasser

Hast du bald Geburtstag? Dann gib doch mal eine Geburtstagsparty im Wasser! Den eigenen Geburtstag im Wasser zu feiern, macht nämlich ganz viel Spaß.
Hannes ist fünf Jahre alt geworden. Und er feiert seinen Geburtstag zum ersten Mal im Wasser – zusammen mit seinen Freunden und Freundinnen, die wie er das Seepferdchen-Abzeichen haben. Die Kinder spielen tolle Spiele im Wasser und veranstalten kleine Wettstaffeln. Für jedes Kind gibt es tolle kleine Preise zu gewinnen.

Hier ein paar Spielvorschläge! Alle Spiele finden in Staffelform statt. Dabei schwimmt jedes Kind eine oder zwei Bahnen.

Seepferdchenrennen

Alle Kinder sitzen auf einer Schwimmnudel. Sie rudern mit den Armen, um vorwärts zu kommen. Wer ist zuerst auf der anderen Beckenseite?

T-Shirt-Rennen

Das erste Kind zieht ein noch trockenes T-Shirt an. Dann schwimmt es auf die andere Beckenseite, klettert hinaus, zieht das jetzt nasse T-Shirt aus. Ein anderes Kind zieht das T-Shirt an, springt ins Wasser und schwimmt los. Welche Gruppe ist schneller?

Bälle sammeln

Am Beckenrand stehen zwei Körbe. Im Wasser schwimmen gleich viele rote, blaue, grüne und gelbe Bälle. Die eine Mannschaft sammelt rote und blaue Bälle in den Korb, die andere Mannschaft die grünen und gelben Bälle. Gewonnen hat die Gruppe, die zuerst alle Bälle in ihrem Korb hat.

Nach dem Schwimmen gibt es für alle Schwimmkinder ganz viel Leckeres zu essen. Du weißt ja: Schwimmen macht hungrig! Und vor allem: riesengroßen Spaß!